Ego, Polyphemus

a Latin novella

by

Andrew Olimpi

Comprehensible Classics
VOL. 7

Comprehensible Classics Press
Dacula, GA

Ego Polyphemus
"I, Polyphemus"

Series: Comprehensible Classics #7

Comprehensible Classics Press
Dacula, GA

First Edition: June 2018

Cover painting and design by Andrew Olimpi

Text and illustrations © 2018 by Andrew Olimpi
All rights reserved
No part of this book may be reproduced or transmitted in any form or by any means, electronic or mechanical, including photocopying, recording, or by information storage or retrieval system, without express written consent from the author.

ISBN-13: 978-1719066433
ISBN-10: 1719066434

Discipulis meis
quot sunt
quot fuerunt
quot in futuris erunt temporibus

Author's Preface

This novella is a re-imagining of a famous episode from Homer's *Odyssey*, narrated not by Odysseus, but by the Cyclops Polyphemus. The plot, while silly and light in tone, is based on three classical texts. Homer was my primary source as it is here that this uncivilized brute makes his first—and most famous—appearance. However, this is not the only time he has bumbled into literature. Much later, the Roman poet Ovid, in his *Metamorphoses*, shows us Polyphemus' sensitive side: here he is a lovelorn author of (bad) poetry, trying desperately to win the affections of the beautiful nymph Galatea. The third source, the *Aeneid*, by another Roman poet, Vergil, also gives us a glimpse of the monster, this time shortly after Odysseus' escape. Now, blind and raving, Polyphemus is a creature more to be pitied than feared. In this novella, I attempted to capture the many sides of Polyphemus, a monster who is cruel, ridiculous, pitiable—and maybe even sympathetic? I'll leave that for my readers to decide.

Like the other volumes in this series, I want this book to be accessible to novice readers of Latin. I let the following principles guide me toward this goal:

(1) I frequently employ word-order deliberately similar to modern language word-order to clear up ambiguities (while trying to stay within the bounds of good *Latinitas*). I also use a fair amount of repetition in order to provide readers as many exposures to a word or phrase in as many different contexts as possible, while also advancing the plot.

(2) I also strived to keep my sentences short. I have not "sheltered" grammatical elements, i.e. parceled them out systematically throughout the book; rather, I have employed whatever verbs, nouns, or turns of phrase are most clear and vivd in the moment. Therefore, this is a not a "graded reader," in which the text gradually gets more "complex" as the reader advances.

(3) I did shelter vocabulary usage. The text assumes that the reader is familiar with roughly 140 unique Latin words. However, if English cognates are excluded from this group, the word count drops down to about 50+ unique Latin words. Thus around two-thirds of the words used are fairly transparent English cognates.

(4) I also provided generous vocabulary help throughout the text, establishing meaning though pictures and footnotes. A full Latin-to-English glossary is included as well. At all times, I have endeavored to err on the side of *comprehensibility*.

Finally, I would like to thank Lance Piantaggini, Dan Stoa, and Joshua W. D. Smith for their careful proofreading of the manuscript and for their invaluable corrections and advice as I prepared and polished this novella for publication.

Andrew Olimpi
Hebron Christian Academy
June 2018

ABOUT THE SERIES:

Comprehensible Classics is a series of Latin novels for beginning and intermediate learners of Latin. The books are especially designed for use in a Latin classroom which focuses on communication and Comprehensible Input (rather than traditional grammar-based instruction). However, they certainly are useful in any Latin classroom and could provide independent learners of Latin (in any program) with interesting and highly-readable material for self-study.

Filia Regis et Monstrum Horribile
Comprehensible Classics #1:
Level: Beginner
Unique Word Count: 125

Perseus et Rex Malus
Comprehensible Classics #2:
Puer Ex Seripho, Vol. 1
Level: Intermediate
Unique Word Count: 300

Perseus et Medusa
Comprehensible Classics #3:
Puer Ex Seripho, Vol. 2
Level: Intermediate
Unique Word Count: 300

Via Periculosa
Comprehensible Classics #4
Level: Beginner-Intermediate
Unique Word Count: 130 (35 cognates)

Familia Mala: Saturnus et Iuppiter
Comprehensible Classics #5
Level: Beginner
Unique Word Count: 140 (45 cognates)

Labyrinthus
Comprehensible Classics #6
Level: Beginner:
Unique Word Count: 120 (45 cognates)

Ego, Polyphemus
Comprehensible Classics: #7
Level: Beginner
Total Unique Word Count: 140 (90 cognates)

Upcoming Titles: (subject to change)

Familia Mala II: Duos Fratres
Daedalus et Icarus: a Tiered Latin Reader
Scylla et Glaucus

capitulum I

mystērium[1]

ego sum Polyphēmus. ego nōn sum vir hūmānus! rīdiculum est!

ego sum Cyclōps.

ecce oculus meus. ego ūnum oculum habeō.

ego familiam magnam habeō.

---
[1] mysterium: *a mystery*

ecce frātrēs meī! ego multōs frātrēs habeō.

frātrēs meī sunt magnī. frātrēs meī sunt fortēs.

ego nōn sum magnus et fortis sīcut frātrēs meī.

aliī Cyclōpēs in monte Aetnā[2] labōrant.

---

[2] in monte Aetna: *in mount Aetna, a volcano*

Cyclōpēs multās rēs faciunt.[3] frequenter illī rēs metallicās faciunt. Difficile est rēs metallicās facere!

ego nōn sum fortis. ego nōlō rēs metallicās facere. ego nōlō in monte Aetnā labōrāre. mihi nōn placet mōns Aetna!

mihi placet animālia! ego sum pāstor[4]. ego multās ovēs habeō. ecce ovēs meae!

---
[3] multas res faciunt: *make many things*
[4] pastor: *a shepherd*

ego nōn habeō ovēs ordināriās.

ego magnās
ovēs habeō.

ovēs pulchrae sunt!
omnēs ovēs sunt amīcae meae!

ego in īnsulā
Siciliā habitō.

mihi placet in Siciliā habitāre. Sicilia est bona!

ecce caelum. caelum est pulchrum.

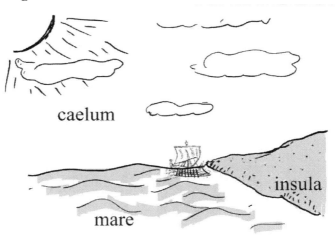

ecce mare. mare est tranquillum!

ecce . . .

. . . quid est?

est nāvis?

cūr est nāvis in īnsulā meā? nāvis est parva. Cyclōpēs nōn habent nāvēs parvās. ego sciō quī habeant nāvēs parvās . . .

hominēs nāvēs parvās habent! hominēs sunt in īnsulā meā?!

ego īnsulam investīgō. sed ego hominēs nōn videō. ego hominēs nōn audiō. īnsula mea est tranquilla et quiēta.

mystērium est!

capitulum II

investīgātor

ecce spēlunca mea.

spēlunca mea est domus mea. spēlunca mea est splendida et pulchra!

ego in spēluncā habitō. ovēs meae quoque in spēluncā habitant. difficile nōn est habitāre in spēluncā. mihi placet spēlunca mea!

ecce saxum meum.
saxum est magnum sīcut ego. cūr ego saxum magnum habeō? saxum est prōtector spēluncae meae!

est murmur. ego murmur audiō. murmur est in spēluncā. iam ego multa murmura audiō. quis murmura facit? ego investīgāre volō.

ego saxum removeō. nōn est difficile mihi. ego sum magnus et fortis!

ego in spēluncam eō ad investīgandum. ego nōn sum stupidus. ego sum intelligēns. ego sum investīgātor bonus! ego spēluncam investīgō.

ego: "quis est in spēluncā meā?"

silentium est. spelūnca est quiēta. ego murmura nōn audiō. ego sum suspīciōsus.

in meā spēluncā ego cāseum habeō. ecce cāseus!

est magna varietās[5] cāseōrum.

ego multōs et variōs cāseōs habeō.
mihi placet cāseus.   cāseus est bonus! ego multum cāseī cōnsūmō!
mmmm . . .

odor cāseī est bonus!
cāseus bene olet![6]

ego murmur audiō!

---

[5] magna varietas: *a great variety*
[6] bene olet: *smells good*

quis murmur facit? ego sum suspīciōsus! ego investīgō aream circum[7] cāseum. ego sum investīgātor bonus.

ego videō . . .

. . . hominēs?!

hominēs sunt in spēluncā meā?!

---

[7] aream circum: *the area around*

capitulum III

Nēmō

hominēs timidī sunt.

est silentium longum. ego putō hominēs esse Ītalōs. mihi nōn placent hominēs Ītalī.

ego: "quī estis vōs omnēs? vōs estis hominēs Ītalī?"

ūnus vir respondet:

vir: "minimē, ō mōnstrum! nōs nōn sumus hominēs

Ītalī. nōs sumus Graecī!"

ego: "quid est nōmen tibi, ō vir Graece?"

vir: "nōmen mihi est . . .

. . . Nēmō.[8]"

ego: "Nēmō?! hahahae! nōmen tibi est Nēmō? nōmen tibi est rīdiculum! nōmen est absurdum! nōmen mihi est Polyphēmus! ego sum Cyclōps. haec est spēlunca mea."

---

[8] Nemo: *"Nobody"*

ego duōs virōs Graecōs cōnsūmō.

aliī virī Graecī exclāmant et exclāmant. Nēmō est timidus. virī sunt timidī.

virī: "ō Polyphēme, cūr tū hominēs cōnsūmis?"

ego: "cūr? mihi placet hominēs cōnsūmere!"

ego laetus sum. iam ego habeō multōs hominēs in spēluncā meā!

ego tertium virum cōnsūmō.

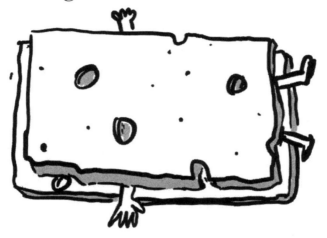

ego tertium virum cum cāseō cōnsūmō!

mmmmmmmmmm . . .

mihi placent virum et cāseum cōnsūmere!

ego Nēminem[9] nōn cōnsūmō. Nēmō est intellegēns sīcut ego. Nēmō est pulcher sīcut ego.

Nēmō: "nōlī mē cōnsūmere, ō Polyphēme! ego sum amīcus tibi!"

Nēmō vult esse amīcus mihi? ego amīcum nōn habeō . . . sed ego volō amīcum. . .

Nēmō est amicus mihi. Nēmō est amīcus bonus!

iam ego sum laetus et contentus!

---

[9] Neminem: *Nobody (Nemo)*

capitulum IV

nympha

ego puellam amō.

ea nōn est puella hūmāna. ea est nympha.[10] nōmen nymphae est Galatēa.

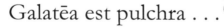

Galatēa est pulchra . . .

. . . sed arrogāns est!

ea est nympha aquātica. ea sub marī habitat.

---

[10] nympha: *a nympth, a type of sea goddess.*

sed difficultās est. difficultās est magna. ego nympham amō . . . sed nympha mē ignōrat! ego ānxius et timidus sum!

ecce Nēmō.

Nēmō est amīcus mihi. Nēmō est intelligēns.

ego: "ō Nēmō, puella mē nōn amat! ego volō puellam amāre mē. quid puellīs placet?"

Nēmō: "ego sciō quid puellīs placeat. nōn est difficile! puellīs placent flōrēs. dā puellae flōrēs![11]"

---
[11] da puellae flores: *give the girl flowers*

ego: "ego flōrēs nōn habeō. mihi nōn placent flōrēs! cūr puellīs placent flōrēs?!"

Nēmō: "ō Polyphēme, flōrēs odōrem bonum habent.

flōrēs bene olent. puellīs placent flōrēs bene olentēs!"

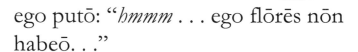

ego putō: "*hmmm* . . . ego flōrēs nōn habeō. . ."

ego ovem videō.

ego: "*hmmm* . . . flōrēs bene olent, sed . . . ecce ovis. ovis bene olet. minimē, ovis melius olet [12] quam flōrēs!"

ego nymphae ovem dō. nympha ovem nōn vult. Galatēae nōn placet ovis mea!

Galatēa: "fufae! cūr tū dās mihi ovem? Mihi nōn placent ovēs! Ovēs male olent!

---

[12] melius olet: *smell better*

odor ovium est malus!"

ego trīstis sum. ego putō: "quid olet melius quam ovis?"

ego cāseum videō. mihi placet odor cāseī! odor bonus est! cāseus bene olet!

ego putō cāseum olēre melius quam ovēs et flōrēs!

ego puellae cāseum dō. ego putō cāseum esse bonum.

sed puellae nōn placet cāseus bonus!

Galatēa: "fufae! ovēs male olent. cāseus male olet. quam malus[13] est odor! quam horribilis est cāseus!"

ego ad spēluncam meam eō. ego saxum removeō, et in spēluncam eō.

---

[13] quam malus: *how bad . . . !*

Nēmō:
"cūr tū trīstis es?"

ego: "puellae nōn placent ovēs meae. puellae nōn placet cāseus meus. puella putat ovēs et cāseum male olēre! puella mē nōn amat. ea mē ignōrat."

ego virum Graecum cōnsūmō. *mmmmm!* cōnsūmere hominēs Graecōs mihi placent!

capitulum V

poēta

ego sēcretum habeō. ego sum poēta.

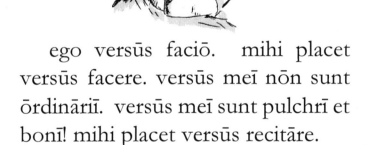

ego versūs faciō. mihi placet versūs facere. versūs meī nōn sunt ōrdināriī. versūs meī sunt pulchrī et bonī! mihi placet versūs recitāre.

ego nympham Galatēam vīsitō.

Ego volō versūs recitāre. versūs meī nōn sunt longī. ego memoriam bonam nōn habeō. memoria mea est mala. ego nōn meminī[14] versūs longōs!

ego prīmum versum recitō:

**"tamquam[15] flōrēs tū olēs,
 ō mea pulchra puella."**

Galatēa silēns est. ea mē ignōrat. Galatēae nōn placet versus prīmus.

ego secundum versum recitō:

---

[14] non memini: *I don't remember*
[15] tamquam: *like, just like*

"tū olēs tamquam parva ovis,
 ō mea pulchra puella!"

est silentium longum. Galatēa nōn respondet. ea mē ignōrat. Galatēae nōn placet versus secundus.

Ego tertium versum recitō:

"tū olēs tamquam cāseus,
 ō mea pulchra puella!"

Galatēa mē nōn ignōrat. Galatēa īrāta est! ēheu! versūs meī Galatēam offendunt!

Galatēa: "ō Cyclōps, mihi nōn placet versūs tuī! ego putō versūs esse malōs! tū es poēta malus! Cyclōpēs male olent! Cyclōpēs sunt stupidī!"

nympha Galatēa rapidē effugit. ego sum sōlus!

ego trīstis ad spēluncam eō. ego saxum removeō, et in spēluncam eō.

Nēmō: "ō amīce, cūr es tū trīstis?"

Ego: "ō Nēmō, nympha mē nōn amat! nympha putat mē esse stupidum. nympha nōn putat mē esse poētam bonum!"

ego virum Graecum cōnsūmō. *mmmm* . . . mihi placent hominēs Graecōs cōnsūmere!

capitulum VI

rīvālis meus[16]

est silva.

silva est in mediā īnsulā.

silva est dēnsa.

ea est quiēta et tranquilla.

sed iam est murmur. ego audiō murmur in silvā! quis est? sunt hominēs Graecī in silvā?

---

[16] rivalis meus: *my rival*

ego sum cūriōsus. ego silvam investīgō. ego sum investīgātor bonus.

ego puellam in silvā videō! puella est Galatēa! ego sum laetus et contentus.

mihi placet Galatēa . . .

sed Galatēa nōn sōla est in silvā. ego alteram persōnam[17] videō in silvā. altera persōna nōn est puella.

altera persona est . . .

. . . vir!

est vir . . . *hūmānus*.

---

[17] altera persona: *another person, a second person*

ego virum et puellam videō.

vir: "ō Galatēa! tū es puella pulchra! ego tē amō!"

Galatēa: "ō Ācis! ego tē amō! tū es vir pulcher. tū es poēta bonus!"

ego cōnfūsus sum. puella virum amat? rīdiculum est! vir nōn est magnus sīcut ego. vir nōn est fortis sīcut ego. vir nōn est pulcher sīcut ego.

vir duōs oculōs habet!

vir nōn habet ūnum oculum pulchrum . . . sīcut ego!

Ācis versūs recitat:[18]

"vīvāmus mea fēmina atque amēmus![19]
dā mī bāsia mīlle[20], deinde centum[21]
dein mīlle altera[22], dein secunda centum
deinde usque[23] altera mīlle, deinde centum!"

---

[18] see note on p. 56
[19] vivamus mea femina atque amemus: *Let us live, my woman, and let us love.*
[20] basia mille: *a thousand kisses*
[21] deinde centum: *then a hundred (kisses)*
[22] mille altera: *another thousand*
[23] usque: *continuously, without stopping*

ego virum et puellam videō.

vir: "ō Galatēa! tū es puella pulchra! ego tē amō!"

Galatēa: "ō Ācis! ego tē amō! tū es vir pulcher. tū es poēta bonus!"

ego cōnfūsus sum. puella virum amat? rīdiculum est! vir nōn est magnus sīcut ego. vir nōn est fortis sīcut ego. vir nōn est pulcher sīcut ego.

vir duōs oculōs habet!

vir nōn habet ūnum oculum pulchrum . . . sīcut ego!

Ācis versūs recitat:[18]

"vīvāmus mea fēmina atque amēmus![19]
dā mī bāsia mīlle[20], deinde centum[21]
dein mīlle altera[22], dein secunda centum
deinde usque[23] altera mīlle, deinde centum!"

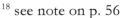

[18] see note on p. 56
[19] vivamus mea femina atque amemus: *Let us live, my woman, and let us love.*
[20] basia mille: *a thousand kisses*
[21] deinde centum: *then a hundred (kisses)*
[22] mille altera: *another thousand*
[23] usque: *continuously, without stopping*

versūs sunt rīdiculī et malī! ego putō Ācen esse poētam malum.

sed . . . Galatēae placent versūs Ācis!

Galatēa: "ō Ācis! tū es poēta bonus! mihi placent versūs! dā mī bāsia centum! dā mī bāsia mīlle!"

puella dīcit Ācen esse . . . bonum poētam! ego īrātus sum!

mihi nōn placet Ācis! Ācis est malus poēta! Ācis est stupidus!

Ācis est rīvālis meus.

capitulum VII

miserābilis Polyphēmus

ego nōn sum contentus et laetus. mihi nōn placet Ācis. Ācis est rīvālis meus! rīvālis meus est stupidus!

est saxum.

saxum magnum est.
saxum solidum et dēnsum est.
Ācis parvus est . . .

. . . et ego saxum magnum habeō!

nympha est
timida et ānxia.

iam Ācis est . . .
    . . . immōbilis sub saxō.

ego laetus sum.
Ācis nōn iam est
    rīvālis meus.

Galatēa:

"ō mōnstrum horribile! ego Ācēn amāvī! ego tē nōn amō! Cyclōpēs sunt horribilēs et stupidī!"

ēheu! ego sum miserābilis! ego ad spēluncam eō. ego saxum removeō, et ego in spēluncam eō.

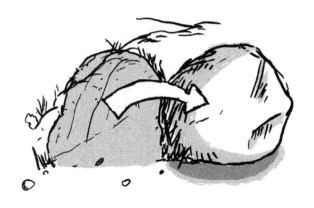

Nēmō: "ō Polyphēme! cūr tū es īrātus?"

ego nōn respondeō.

ego virum Graecum cōnsūmō.

deinde ego cōnsūmō virum secundum.

deinde tertium.

ego volō centum Graecōs cōnsūmere. deinde mīlle Graecōs! deinde centum alterōs! deinde mīlle!

ego volō omnēs hominēs Graecōs cōnsūmere! omnēs sunt malī!

capitulum VIII

vīnum

Nēmō: "ō Cyclōps, nōlī hominēs cōnsūmere! ego vīnum habeō!"

ecce vīnum.

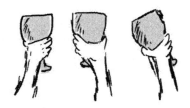

Graecī vīnum habent. ego sum suspīciōsus.

ego: "quid est 'vīnum?'"

Nēmō: "vīnum est bonum! mihi placet vīnum cōnsūmere."

Nēmō mihi vīnum dat. ego sum cūriōsus. ego vīnum īnspectō.

vīnum bene olet.

odor vīnī est bonus. ego nōn iam sum suspīciōsus. ego vīnum cōnsūmō.

mmmmmmmm!

vīnum est bonum! mihi placet vīnum! ego nōlō hominēs cōnsūmere! ego volō *vīnum* cōnsūmere!

ego multum vīnī cōnsūmō. ego vīnum cōnsūmō . . .

et cōnsūmō . . .

. . . et cōnsūmō.

mihi placet vīnum! vīnum bonum est! ego nōn iam sum trīstīs! iam ego laetus sum!

ego: "ō Nēmō, vīnum tuum est bonum! cūr tū es trīstis? cūr tū vīnum nōn cōnsūmis?"

Nēmō: "ego et virī Graecī trīstēs sumus! nōs sumus captīvī in spēluncā tuā!

ego et Graecī volumus domum īre!"

ego: "ubi est domus tua?"

Nēmō: "domus mea est in Ithacā. Ithaca est īnsula.

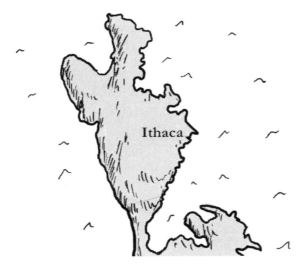

familia mea est in Ithacā. ego volō īre ad Ithacam! ego volō familiam meam vidēre."

ego: "tū nōn potēs ad Ithacam īre. tū es captīvus meus. ego captīvōs meōs cōnsūmam. ego *tē* cōnsūmam."

ego multum vīnī cōnsūmō. iam ego dormīre volō.

Nēmō: "ō Cyclōps, bene dormiās![24] bene dormiās . . ."

ego dormiō.

---

[24] bene dormias: *sleep well!*

capitulum IX

caecus[25]

aīīīīīīī!

ego exclāmō! ēheu! ego doleō![26] ego male doleō! ego doleō et doleō et doleō!

oculus meus dolet! ēheu! Ego nōn possum vidēre! ego caecus sum!

ecce baculum! baculum est in oculō meō!

---

[25] caecus: *blind*
[26] doleo: *I hurt, am in pain*

ego caecus sum! ego caecus sum! ōōōōōō! ego doleōōōōō!

ego exclāmō: "quis posuit baculum in oculum meum?!"

silentium est. Graecī nōn rēspondent. spēlunca est quiēta. iam ego sciō cūr baculum sit in oculō meō.

Nēmō baculum in oculum meum posuit!

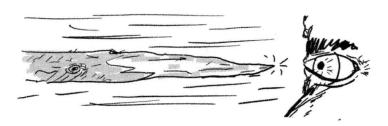

Nēmō est amīcus falsus!

ego: "Nēmōōō! ō Nēmō, tū posuistī baculum in oculum meum?"

est silentium. omnēs sunt silentēs.

ego: "ō vir male! ō Graecī malī! ubi vōs estis? ubi vōs estis?"

ego exclāmō et exclāmō et exclāmō. aliī Cyclōpēs ad spēluncam eunt. Cyclōpēs mē exclāmantem audiunt.

Cyclōpēs: "ō Polyphēme! cūr tū exclāmās? tū dolēs?"

ego: "Nēmō posuit baculum in oculum meum!"

Cyclōpēs: "nēmō? Quis est in spēluncā tuā?"

ego: "Nēmō est in spēluncā meā! Nēmō baculum in oculum meum posuit."

Cyclōpēs nōn sunt īrātī. Cyclōpēs laetī sunt!

Cyclōpēs: "hahahae! est rīdiculum! est absurdum! nēmō est in spēluncā? nēmō posuit baculum in oculum tuum? ō Polyphēme, tū es rīdiculus et absurdus! Valē!"

ego: "ego falsa nōn dīcō! ego male doleō! ego caecus sum!"

sed aliī Cyclōpēs in spēluncam nōn eunt.

iam ego sum miserābilis.

ego sum caecus.

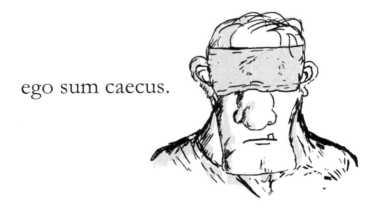

iam ego sum poēta caecus. ego nōlō versūs facere. ego volō hominēs Graecōs cōnsūmere!

capitulum X

impostor

omnēs ex spēluncā meā effūgērunt. Nēmō effūgit.

aliī Graecī effūgērunt. iam ego sōlus sum . . . sōlus et caecus!

ego murmur audiō.

ego spēluncam investīgō.

est vir Graecus.

ego virum Graecum audiō! sed ego virum nōn videō.

ego: "ō vir! quis es tū? tū es Nēmō?"

vir: "minimē! ego nōn sum Nēmō! ego sum Achaemenidēs! ego sum vir Graecus!"

ego: "ō Achae . . . Achae . . . ēheu! nōmen tibi est longum et difficile dictū!²⁷"

vir: "rīdiculum! nōmen mihi nōn est difficile dictū. tū dīcis nōmen *mihi* esse longum?! nōmen *tibi* est longum! Po-ly-phē-mus . . . est difficile dictū!"

---

²⁷ difficile dictū: *difficult to say*

ego: "ubi est Nēmō? ubi sunt Graecī?"

vir: "aliī Graecī ex īnsulā effūgērunt! aliī Graecī iam rapidē eunt ad Ithacam.

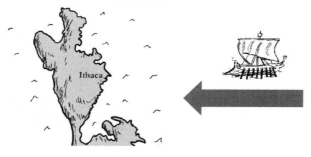

sed ego nōn eram rapidus. ego nōn effugī! ō mōnstrum, nōlī mē cōnsūmere!"

ego: "quis posuit baculum in oculum meum? Nēmō?"

vir: "certē, ō Polyphēme, sed nōmen virō nōn erat 'Nēmō.' nōmen virō erat Ulixēs.

 Ulixēs est vir intelligēns et bonus."

ego: "Ulixēs?! nōmen virō erat 'Ulixēs?' 'Nēmō' erat nōmen falsum?! 'Nēmō' erat impostor?!"

vir: "certē, ō mōnstrum! 'Nēmō' erat nōmen falsum."

ego: "ēheu! Nēmō—*Ulixēs*—dīxit sē esse amīcum meum! Ulixēs falsa dīxit! ego īrātus sum!"

vir: "ego quoque īrātus sum! Ulixēs et Graecī ad Ithacam eunt! ego volō ad Ithacam īre. sed iam ego sum captīvus in īnsulā tuā!

quam horribilis[28] est īnsula! quam horribilis est diēs!"

ego: "ego sum miserābilis. ego puellam amābam, sed puella mē ignōrābam. puellae nōn placuērunt versūs meī. iam ego sum caecus. quam horribilis est diēs!"

vir: "ō Cyclōps, iam tū mē cōnsūmēs?"

ego: "minimē. ego nōlō tē cōnsūmere. ego volō cāseum. tibi placet cāseus, ō amīce?"

---

[28] quam horribilis: *how horribile* . . .

vir: "certē, mihi placet cāseus bonus."

in spēluncā nōs cāseum cōnsūmimus. odor cāseī est bonus. cāseus bene olet.

ego: "quam bonus est cāseus! et ... quam horribilis est diēs!"

A Note Concerning the Poetry in this book

Acis' poem (p. 34) is a slightly altered excerpt from Catullus 5 (lines 1, 7-9). The meter is hendecasyllabic.

— — / — U U / — U / — U / — X

Scansion symbols:
— = long syllable   U = short syllable
X = either short or long   feminna_atque = ellison
/ = division between metrical feet

The lines scan as follows:

— — / — U U / — U / — U / — X
"vī-vā-mus me-a fē-mi-na_at-que_a-mē-mus!
— — / — U U / — U / — U / — X
dā mī bā - si - a mīl - le , dein-de cen-tum
— — / — U U / — U / — U / — X
dein mīl-le_al –te -ra, dein se–cun-da cen-tum
— — / — U U / — U / — U /
dein-de_us-que_al-te-ra mīl-le, dein-de
— X
cen-tum!"

The Cyclops' verses (pp. 27-8) are inspired by Polyphemus' love poem found in Ovid's *Metamorphoses* (13.789-881). The composition in this novella is entirely my own. The meter is dactylic hexameter.

— — / — — / — — / — — / — U U / — X
  (UU) (UU) (UU) (UU)

The lines scan as follows:

$$\underline{}\ \underline{}\ /\ \underline{}\ \underline{}\ /\ \underline{}\ \underline{}$$
tam-quam flō-rēs tū_ol-ēs,

$$\underline{}\ \cup\ \cup\ /\ \underline{}\ \cup\ \cup\ /\ \underline{}\ \times$$
ō me-a pul-chra pu - el - la

$$\underline{}\ \underline{}\ /\ \underline{}\ \underline{}\ /\ \underline{}\ \cup\ \cup$$
tū_olēs tam-quam par-va_ov-is,

$$\underline{}\ \cup\ \cup\ /\ \underline{}\ \cup\ \cup\ /\ \underline{}\ \times$$
ō me-a pul-chra pu - el – la

$$\underline{}\ \underline{}\ /\ \underline{}\ \underline{}\ /\ \underline{}\ \cup\ \cup$$
tū_olēs tam-quam cās-e-us,

$$\underline{}\ \cup\ \cup\ /\ \underline{}\ \cup\ \cup\ /\ \underline{}\ \times$$
ō me-a pul-chra pu - el - la

Glossary

NOTA BENE: Words considered to be "core vocabulary" (i.e. words not defined in the footnotes) appear in **bold typeface**. Words that are considered close English cognates are not bolded.

A
ad: *to, towards*
alia: *other, another*
alii: *other, the others*
altera: *other*
amat: *she/he loves*
amavi: *I loved*
amemus: *let us love*
amicus: *friend*
amo: *I love*
animalia: *animals*
anxia, anxius: *anxious, nervous*
arrogans: *arrogant*
atque: *and*
audio: *I hear*
audit: *she/he hears*
audiunt: *they hear*

B
baculum: *stick*
basia: *kisses*

bene: *well*
bene olet: *"smells good"*
bona, bonus: *good*

C
caecus: *blind*
caelum: *the sky*
captivus: *a captive*
caseus: *cheese*
centum: *a hundred*
confusus: *confused*
consumam: *I will consume*
consumes: *you will consume*
consumimus: *we consume*
consumis: *you consume*
consumo: *I consume*
contentus: *content*
cur: *why*

D
da: *give!*
dat: *she/he gives*
deinde: *then, next*
densa, densus: *dense*

dicit: *she/he says*
dico: *I say*
dies: *day*
difficile, difficilis: *difficult*
difficultas: *a difficulty, a problem*
dixit: *she/he said*
do: *I give*
doleo: *I hurt, I am in pain*
doles: *you hurt, you are in pain*
dolet: *she/he hurts, is in pain*
domus: *home, house*
dormi: *sleep!*
dormio: *I sleep*
dormire: *to sleep*
duos: *two*

E
ea: *she*
ecce: *behold*
effugerunt: *they ran away*
effugit: *she/he runs away*
effugiunt: *they run away*
ego: *I*
eheu: *oh no! alas!*
eo: *I go*

erat: *she/he/it was, there was*
es: *you are*
esse: *is, to be*
est: *she/he is, there is*
et: *and*
eunt: *they go*
exclamant: *they shout*
exclamantem: *shouting*
exclamas: *you shout*
exclamo: *I shout*

F
facere: *to do, to make*
facio: *I do, I make*
faciunt: *they do, they make*
falsum: *false*
familia: *family*
famosus: *famous*
flores: *flowers*
fortiores: *stronger*
fortis: *strong*
fratres: *brothers*
frequenter: *frequently*
fufae!: *gross! yuck!*

G
Graece: *Greek*
Graeci: *the Greeks*

H
habent: *they have*
habeo: *I have*
habet: *she/he has*
habitant: *they live*
habitare: *to live*
habitat: *she/he lives*
habito: *I live*
hic: *this*
homines: *people, men*
horribile, horribilis: *horrible*
humana, humanus: *human*

I
iam: *now*
ignorat: *she/he ignores*
illi: *those, they*
immobilis: *immobile*
impostor: *impostor*
imus: *we go*
in: *in, on, against*

insula: *island*
intelligens: *intelligent*
interficio: *I kill*
intrant: *they enter*
intro: *I enter*
investigandum: *investigate*
    ad investigandum: *in order to investigate*
investigator: *investigator*
investigo: *I investigate*
irata, iratus: *angry*
ire: *to go, goes*
it: *she/he goes*
Itali: *the Italians*

L
laborant: *they work*
laborare: *to work*
laetus: *happy*
longus: *long, far*

M
magna, magnus: *large*
magnifica: *magnificent*
male: *badly*
male olet: *smells bad*

malus: *bad*
mare: *the sea*
marina: *marine, of the sea*
me: *me*
mea, meus: *my*
media: *middle*
melius: *better*
melius quam: *better than*
memini: *I remember*
memoria: *memory*
metallicas: *metal*
    res metallicas: *metal things, metal objects*
mihi: *to me, for me*
mille: *a thousand*
minime: *no*
miserabilis: *miserable*
mons, montem, monte: *mountain*
monstrum: *monster*
moveo: *I move*
movet: *she/he moves*
multa, multus: *many*
multum: *much (of something), a lot (of something)*
murmur: *a murmur*
mysterium: *a mystery*

N
navis: *a ship, a boat*
neminem: *no one, nobody*
nemo: *no one, nobody*
noli: *don't!*
nolo: *I don't want*
nomen: *name*
non: *not*
nos: *we*
nympha: *nymph*

O
oculus: *an eye*
odor: *an odor, smell*
offendunt: *they offend*
olent: *they smell*
olentes: *smelling*
oles: *you smell*
olet: *she/he/it smells*
omnes: *all*
ordinarii: *ordinary*
ovis: *sheep*

P
parva, parvus: *small*

pastor: *a shepherd*
persona: *a person*
placet: *likes, is pleasing*
poeta: *poet*
ponis: *you put, place*
ponit: *she/he puts, places*
posuit: *she/he put, placed*
potes: *you are able*
potest: *she/he is able*
primus, primum: *first*
protector: *protector*
puella: *girl*
pulchra: *beautiful*
putat: *she/he thinks*
puto: *I think*

Q
quam: *than*
qui: *who*
quid: *what*
quieta: *quiet*
quis: *who*
quoque: *also*

R
rapide: *quickly*
recitare: *to recite*
recitat: *she/he recites*
recito: *I recite*
res: *things*
respondeo: *I respond, answer*
respondit: *she/he responds*
respondunt: *they respond*
ridiculus: *ridiculous*
rivalis: *a rival*

S
sapiens: *wise, smart*
saxum: *a rock*
scio: *I know*
se esse amicum: *that he is a friend*
secunda, secundus: *second*
sed: *but*
sicut: *as, like*
silentes: *silent, quiet*
silentium: *a silence*
sola, solus: *alone*
solidus: *solid*
sonus: *sound*

spelunca: *a cave*
splendida: *splendid*
stupidus: *stupid*
sub: *under*
sum: *I am*
sumus: *we are*
sunt: *they are*
suspiciosus: *suspicious*

T
te: *you*
tertium: *third*
tibi: *to you*
timida, timidus: *timid, frightened*
tranquilla: *tranquil, calm*
tristis: *sad*
tu: *you*
tua, tuus: *your*

U
ubi: *where*
unus: *one*
usque: *continuously, all the way to*

V
varietas: *variety*
varios: *various*
versus: *a verse (of poetry)*
video: *I see*
videre: *to see*
vinum: *wine*
vir: *man*
vis: *you want*
visito: *I visit*
volo: *I want*
volumus: *we want*
vos: *you*
vult: *she/he wants*

About the author

Andrew Olimpi lives in Dacula, Georgia with his beautiful and talented wife, Rebekah, an artist, writer, and English teacher. When he is not writing and illustrating books, Andrew teaches Latin at Hebron Christian Academy in Dacula, Georgia. He holds a master's degree in Latin from the University of Georgia, and currently is working towards a PhD in Latin and Roman Studies at the University of Florida. He is the creator of the Comprehensible Classics series of Latin novellas aimed at beginner and intermediate readers of Latin.

OTHER "COMPREHENSIBLE CLASSICS" TITLES BY ANDREW OLIMPI AVAILABLE NOW

Filia Regis et Monstrum Horribile
Level: Beginner
Unique Word Count: 125

Originally told by the Roman author Apuleius, this adaptation of the myth of Psyche is an exciting fantasy adventure, full of twists, secrets, and magic. The reader will also find many surprising connections to popular modern fairy tales, such as "Cinderella," "Snow White," and "Beauty and the Bea

VIA PERICULOSA
Level: Beginner/Intermediate
Unique Word Count: 130 (40 cognates)

Niceros is a Greek slave on the run in ancient Italy, avoiding capture and seeking his one true love, Melissa. However, a chance encounter at an inn sets in motion a harrowing chain of events that lead to murder, mayhem, mystery, and a bit of magic.

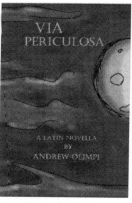

Loosely adapted from the Roman author Petronius, Via Periculosa ("The Dangerous Road") is an exciting and surprising supernatural thriller suitable for Latin readers in their first or second year of study and beyond.

Familia Mala: Saturnus et Iuppiter
Level: Beginner
Word Count: 120 (35 cognates)

They're the original dysfunctional family! Rivalry! Jealousy! Poison! Betrayal! Gods! Titans! Cyclopes! Monsters! Magical Goats!

Read all about the trials and tribulations of Greek mythology's original royal family! Suitable for all novice Latin readers.

LABYRINTHUS
Level: Beginner
Unique Word Count: 125
(40 cognates)

Princess Ariadna's family is . . . well . . . complicated. Her father Minos, king of Crete, ignores her. Her mother is insane. Her half-brother is a literal monster—the Minotaur who lives deep within the twisting paths of the Labyrinth. When a handsome stranger arrives on the island, Ariadna is faced with the ultimate choice: should she stay on the island of Crete, or should she abandon her family and her old life for a chance at escape . . . and love? This novella is adapted from Ovid's "Metamorphoses" and Catullus' "Carmen 64," and is suitable for all novice readers of Latin.

Perseus et Rex Malus
Puer Ex Seripho
Vol. 1

Level: Intermediate
Unique Word Count: 300

On the island of Seriphos lives Perseus a twelve-year-old boy, whose world is about turned upside down. When the cruel king of the island, Polydectes, is seeking a new bride, he casts his eye upon Perseus' mother, Danaë. The woman bravely refuses, setting in motion a chain of events that includes a mysterious box, a cave whose walls are covered with strange writing, and a dark family secret. "Perseus et Rex Malus" is the first of a two-part adventure based on the Greek myth of Perseus.

Perseus et Medusa
Puer Ex Seripho, Volume 2

Level: Intermediate
Unique Word Count: 300

Perseus and his friends Xanthius and Phaedra face monsters, dangers, and overwhelming odds in this exciting conclusion of "The Boy from Seriphos." This novel, consisting of only 300 unique Latin words (including close English cognates), is an adaptation of the myth of Perseus and Medusa, retold in the style of a young adult fantasy novel.